सड़क पर के लोग

(काव्य संग्रह)

अभिषेक कुमार अभ्यागत

Book   : Sadak Par Ke Log

Author   : Abhishek Kumar Abhyagat

Edition   : 1st (May, 2023)

ISBN   : 9789395391078

Published by

Regd. Add.: 254, Khuriyakhatta No. 10, Bindukhatta,
Lalkuan, Nainital - 262402, Uttarakhand, India
Website : www.prachidigital.in
E-mail : info@prachidigital.in
Contact : +91-976041-7980, 976041-8103

Printed by :

Manipal Technologies Limited, Manipal - 576104, Karnataka

समर्पण

स्मृतिशेष माँ-पिता के श्री चरणों
में समर्पित

अनुक्रमणिका

लेखकीय

हमारे जीवन को वैविध्यमय बनाने के लिए प्रकृति के पास अलग-अलग रंग है, और यह अलग-अलग रंग, अलग-अलग रूप में ढलता है। सौन्दर्य चित्रण के विस्तार रूप से लेकर सौन्दर्य तक, मनुष्य रूप से लेकर मानवीय भावों तक ढलते जाता है। यह रंगों का क्षितिज, हम पर गहरा असर डालते हैं। जिस रंग का अत्यधिक प्रभाव हमारे अन्तस्थल पर पड़ता है, हमारा मन भी उस रंग में रंग जाता है। मीरा भी कृष्ण की रंग में रंग गई थी।

इस रंग के गर्भ में जो पुष्पित-पल्लवित होता है। धीरे-धीरे बिम्ब, प्रतीक, निर्वैयवितकता आदि की खाद-पानी की ऊर्जा एवं शक्ति पाकर (या कहे पचाकर) जो गर्भ से बाहर निकलता है; जो चराचर कहलाता है। वह कवि रूप है। कवि का जन्म है। कवि का जन्म अपने युग के उद्धारक के रूप में होता है। वह रोजमर्रा के बिम्बों और शब्दों से उत्पन्न भाव बोध से अपनी कविता बनाता है। वह भावों का एक कुशल शिल्पकार होता है। अपने भाव-शिल्प से एक चरित्र प्रधान यथार्थ को गढ़ता ही नहीं अपितु वह भाव रूप में विराजकर कविता को परात्पर बनाता है। कवि किसी सीमा से निबद्ध नहीं हो सकता। उसका विषय सीमा को लांघ कर सभी लोगों में अपने ऊर्जस्वित भाव से आलोड़न को समाप्त करने की शक्ति रखता है।

हिन्दी कविता जिस रास्ते पर आज दिखाई देती है, उसकी शुरुआत (गद्य-युग का आरम्भ) आधुनिक काल के रूप में मैं देखता हूँ। मेरी कविता नयी कविता की दौर की कविता है। नयी कविता आधुनिक काल का एक हिस्सा है। शैली के आधार पर जिन काव्यों को हम पढ़ते हैं उसमें गद्य काव्य और चम्पू काव्य में अधिकाधिक कविताएँ रची जा रही है। इस कविता की एक विशेषता यह है कि इनमें भाषा की दुर्बोधता का कोई स्थान नहीं होता। इस युग के यथार्थबोध ने काव्यात्मक, अकाव्यात्मक का भेद मिटा दिया। बिम्ब एवं प्रतीकों के सहारे नयी कविता साँस लेती दिखाई दे

रही है। मेरा काव्य संकलन 'सड़क पर के लोग' मेरे प्रारम्भिक समय से लेकर काव्य की समझ तक की कविता संकलन है। प्रारम्भिक समय में मुझ पर छायावाद का प्रभाव अधिक रहा परन्तु छायावाद की भाषा-दुर्बोधता के कारण और भाषा की अल्प समझ ने मुझे कुछ समय के लिए कविता से दूर कर दिया। इसका एक कारण मैं खुद को भाषा का विद्यार्थी ना होना भी समझता हूँ। साहित्य का आकर्षण ही मुझे भाषा के सन्निकट ले आया। हिन्दी साहित्य के प्रति मेरी एकनिष्ठा ने मुझे साहित्य से सदैव बाँधे रखा और हिन्दी को जानने की उत्कंठा की परिणति यह पुस्तक है।

भाषा कविता की कंठ है तो भाव कविता के प्राणतत्व और दोनों का संयोग ही कविता है। भाषा की सरलता कविता में निहित मूल्य-दृष्टि, काव्य-चेतना, प्रहसन, रूप एवं शिल्प के प्रति दृष्टिकोण पाठक के लिए सुग्राही बनाता है और भाव की प्रधानता पाठक के हृदय की बात कविता के रूप में करता है। 'सड़क पर के लोग' मेरा काव्य पुस्तक छायावाद का ही खाद्य-पानी पाकर ही विकसित हुआ है। प्रारम्भिक कविता लेखन मैंने एक बच्चे की भाँति किया है, जैसे बच्चे खेल-खेल में कुछ सीखते हैं। मैंने भी कविता (साहित्य) लेखन तुक से तुक मिलाते-मिलाते सीखा है। मैंने कई कविताएँ लिखी और कविता के मर्म, उद्देश्य और सामाजिक महत्व को समझा परन्तु वह फुटकल कविताएँ मेरे कविता कर्म को धार देने और इस पुस्तक संकलन के लिए एक होमवर्क की भाँति थीं। मैंने अपने कविता-होमवर्क में किसी प्रकार की ढील नहीं होने दी। फलस्वरूप साहित्य जगत के कई अमर हस्ताक्षर की कृतियों का गहन अध्ययन किया और हिन्दी के जानकरों से वाद-विवाद भी समय-समय पर करता रहा और इसका परिणाम ही है कि मैं कविता के बोध से युक्त होकर तुकान्त कविता प्रभात प्रसविनी, निधियाँ दीपशिखा, नीरव प्रस्थ सा मन जैसी कविता से अपना कवि कर्म प्रारम्भ करते हुए अतुकान्त कविता सियासत, लोहे का शहर, शासन के सारथी, मुझे बाघ चाहिए जैसी समस्या प्रधान कविता की रचना की।

आज का दौर 'समस्या प्रधान' साहित्य का दौर है। जितनी भी रचनाएँ रची जा रही है उसका प्रधान विषय 'समस्या नाटक', 'समस्या कविता', 'समस्या निबन्ध', 'समस्या कहानी' आदि है। हिन्दी के काल खण्ड को यदि हम विस्तार कर के देखें, तो वर्त्तमान समय में हिन्दी साहित्य का पाँचवा काल खण्ड 'समस्या काल खण्ड' के रूप में दिखाई पड़ता है।

—कवि

सरस्वती वन्दना

जयति जयति जय जय
हे माँ पुस्तक धारिणी।

कमल आरुढ कर वीणा सुशोभित
तू शुभगे वरदायिनी तू सुवासिनी।।

हम अज्ञानी तू ज्ञान का प्रकाश है
कर आलोकित मेरे अंतर तिमिर को।

वर दे माँ शारदे तू भर दे
वह अतुल तेज जो दिया कबीर को।।

माँ तेरी चरणों में करूँ वन्दन
तू वाग्देवी महापातक नाशिनी।

मेरे रीते उर में भर ज्ञान कोश
ताकि दे सकूँ जग को मैं ज्ञान की रोशनी।।

नीरव प्रस्थ - सा मन

साधना के तीमिर अंचल में
नीरव प्रस्थ - सा मन! बढ़ धीरे-धीरे!

जिस सीप में मोती धवल
रजत मुस्काएँ आँखें कर सजल–
निश्चल प्रेम कथा कहती हो
स्वप्न नीड़ की क्षितिज घनी रे!

गुन्चे जहाँ राग अमन्द पीये
अलकों में शुचि सुधा बन्द कीये
विधुलेखा वहाँ प्रबुद्ध वचन बाँचती
ऋचा की अति सुन्दर कथनी रे!

पथिक बाबला होने वाला है–
सधन शक्ति में खोने वाला है–
कर वन्दना खोले मलयज आँखें
सत्य वहाँ चेतना की पुकार बनी रे!

थककर नयन हुए विराम से–
अमर महोत्सव छुट गए अराम के–
घाट - घाट पूछू तृप्ति के सागर से–
प्रलय-काल के बादल देख तनी रे!

प्रभात प्रसविनी

सिन्दूर लाल माँग में भर,
स्नेह दीप की मोती लिए हजार,
निकली उषा नदी तट से नहाकर
अल्हड़ मुस्कान प्रभात प्रसविनी
मुस्काती लोचन में आशा भर।

सुवासित भीगी – भीगी – सी हवाएँ,
मन्दिरों से टकरा वापस है आती,
मन – प्रसून शुद्ध हो
उर में नवचेतना जगाती।

समृद्धि की पहली पुकार
थाम नभ में लगाती,
मानव जीवन की स्वर्ण सेतू
बाँधने को नित्य है आती।

अंजलि में रसवन्ती ऋतु भर,
झाँकती रशिमयों से छन्दमयी गायित्री,
जो आती है मनन – चिंतन में समाने
यह प्रभाती तो है कवि रचयित्री।

दीपशिखा

प्रिय, नवनिहालों दृग खोलों!
निज आभा रजत-स्वप्न का ज्योतिस्क जाल
प्रचंड सांख्य के अग्नि वर्षा में धो लो–
नवनिहालों दृग खोलों!

उद्धत लहर आए कौतूहल रूप में
मन हर्षाए नव रंग के पलछीन धूप से,
वृन्त-हीन जीवन की लालीमा क्या है?
खुद की पहचान कर सच्चे रूप से,

तुम भी ऊर्ध्वमुखी बन आगे बढ़ों
दीपशिखा संग हो लो–
नवनिहालों दृग खोलों!

दृढ़ संकल्प की गाँठ बाँध एक बार
टकरा उद्धत शिखा से बार-बार
प्रजवलित कर नव निज विहान

जीवन में, मरण में, प्रिये जो आएँगी
उस वस्तु की व्याख्या कैसी?
पूर्ण करने का बल तोलो–
नवनिहालों दृग खोलों!

चेतना का विस्तार

मैं एक सौम्य चेतना का विस्तार चाहता हूँ
उपेक्षित पुष्प की कोमलता कितनी
क्या रंग क्या पराग उसकी
सावन की बेल पत्तरों की भाँति
जानता हूँ उसकी आरजू कितनी
इसलिए जिसका अर्थ नहीं
वह अर्थधार चाहता हूँ।

सौरभ की दशों दिशाएँ
आकाश का माथा चूमती
सागर की हिलोरे कभी – कभी
जीवन में मृदु भाव घोलती
टूटी – फूटी जीवन धारा का
एक जोड़ सार चाहता हूँ।

एक–एक उम्मीदों को जोड़–जोड़कर
सपनों ने है शृंगार किया
फूलों से भी है नाजुक जो
उसे टूटने से जिसने भी बचा लिया
उस श्लाध्य व्यक्ति का
मैं तो परम सान्निध्य चाहता हूँ।

सुदृढ़ता की मोती अनमोल

सुदृढ़ता की मोती अनमोल
यह तो उद्धत शिला पिघला दे!
जीवन निराश हो जाए जब
ना आए पथ की पहचान
तब मौन हो मन दर्पण का
एग्रागचित होकर कर ध्यान
अपनी दुर्बलता को मानकर
तू क्यूँ थक सा जाता है?

देख एक नजर रेनु को
उठकर कैसे चूमती आसमान।
तू उतना ही उठा के चल
जितना तेरा पीठ सह ले
सोच आगे की केवल
बिता हर पल एक भूला दे।

सुदृढ़ता की मोती अनमोल
यह तो उद्धत शिला पिघला दे।
स्वप्नों में रहा तू खोजता
जीवन में सुखद – राग
अब तक तुमने दूसरों को जाना
पहचान, निज प्रबलता का ताप
तुम्हारे लिए मोद खड़ी है
लेकर पथ में आरती।

छोड़ दो गृह – छाया – तल

धूप को बना लो ढाल
पथ देव की मूर्ति बनाकर
उनके कोष में चरितार्थ भर
आने जाने वाले हर राहगिर में
प्रजवलित दीप की लौ जला दे।
सुदृढ़ता की मोती अनमोल
यह तो उद्धत शिला पिघला दे।

एकाकी की संध्या

उधर से आ रही यह कैसी हवा
ना जाने, पूछ रही क्यूँ विहाग का पता
इस भूतल पर रहते मानव संग कितने
कुछ पर्दे में कुछ नग्न दिन गुजारते

सोयी हुई है आँखें भुवन की सारी
कौन करेगा बहते हुए समय की सवारी
व्योम में उठने वाली पुंज की लकीरे
नि:श्वास ही मिटती जा रही वह लकीरे

मानव अपनी सुख – सुविधा की खातीर
दूसरों के धागे में गूंथ रहा है पीर
कुछ में जीवन, कुछ में मरण, कुछ में भ्रम
लेकर जीते थे जो टूटा आज वह क्रम

एकाकी की संध्या कल तक थी बुरी
आज वह संध्या लगती है परी – सी
मैं तो चाहूँ इसकी गोद में सर रख सोना
इसकी लहरों में निज चेतना संग खोना ।

निधियाँ

हे प्रिये रजनी! व्योम – तम – पुंज में
लेकर उतरना निधियाँ प्रभा विमल वाली
तुम हो तन्वी लावण्य – भार भर
कुछ वल्लरियों पर भी टपका देना निज रस
इस सुधोपम निर्झर में धो – लो
श्याम तन, बनकर उजली लालिमा वाली।

स्वर्ग की अप्सरा सूनेपन में आती
मधुर – मधुर सप्तराग में गाती
निगोरे निन्द नित वंचित कर
मुझ से कैसी दुश्मनी है पाली।

कवि! कई रातों से जाग – जाग कर
लिखता तेरी आभा का रस पी – पी कर
तुम्हारी निधियाँ इस जगत से निराली
सत्वर सौंप फूलों को छुपो है भोर होने वाली।

बाल-अरुण के किरण - रथ पर सवार

जले हुए भग्नावशेष की वह श्यामल रात
निस्तब्धता के उच्च स्वर से है डरा हुआ
भूला नहीं हूँ कुछ भी
याद है अब तक
पिला पिताम्बर रन्थी शमसान औ अग्नि
सभी रूप है मेरे मैं हूँ विधुत – छवि इनका
अनंत नीलिमा कहाँ से लाऊँ?
कहाँ से लाऊँ? मकरन्द?
मृत तन से चू – चू कर गिरती अश्रु गंगा।

बाल – अरुण के किरण – रथ पर सवार
मन में अनगिनत प्रश्न को लिए हुए
उस ओर चला 'मैं' उस ओर चला
दिवाकर थमा नहीं? पवन कब रूका है?
भुवन – माटी तो अब नभ – विलिन हुई
विक्षिप्त पतंग कटा डोर से कहता हुआ
मैं चढ़कर आऊँगा स्वर – लहरों पर–
कवि गीत – सा जैसे मुस्काऊँगा अधरों पर।

वाह वाह रे

किस ओर सरिता बहे
किस धारा में जाकर मिले
अरी वो चपला! तुझे क्या?
टूटा जिसका टूटा छवि बिम्ब
कोई रत्नामेष कोई नग्नामेष
वाह वाह रे! सृष्टि के रचनाकार।

अनुदैर्घ्य प्रकाश तिमिर – सा है
कृष्ण प्रकाश फैला राकेश – सा है
प्रश्नों में घिरा मन एक टीस लिए हुए है
उन्नयन मार्ग रेतीली चट्टानों में गुम है
नभ मैला – मैला – सा धरा उगलती क्लेश
वाह वाह रे! न्याय के अंगीकार।

तू साम्यक अविरल छवि वाला
दिग् – दिगंत को उज्ज्वल करने वाला
तुझ से सुरभित जग अनन्त
कर दे मनः दुःख का अब अंत
तुझे देखता पुलकित सहर होकर अनिमेष
वाह वाह रे! विपदा के तारणहार।

चाँदनी रात

ढील रही है चाँदनी
सौम्य यामिनी
अमल – धवल सौर ताने
निहारती धरा को साँझ – सकारे
श्यामल अंबुद से मिलकर रचती रूप अनेकों–
अपने मनोभवों को दर्शाती धर चित्र रूप अनेकों–

लतिका पुलकित हो मुस्काई
मधु नवल रस बरसाई
परिमल बिखेरती रातरानी
उजली – किरणों को महकाती
झर – झर बहती मलयनिल, हियों में प्रीति ले घूमती–
आँखों को फलका नव किरणें, आँखों से जोड़ती।

मैं तो भीग रहा हूँ

अभी तो गदहबेर है
पूरी गोधूलिबेला शेष है
आकाश की लालिमा
आह! कितनी सुन्दर है
उस पर इन्द्रधनुषी रंग
चिड़ियों का मधुर कलरव
मन गाने को है मचलता
तुलिका अंबुद से मिलकर
नव – चित्रात्मक चित्र है गढ़ती
म्यूर – सा नाचता यह मन
अल्हड़ – मस्ती में डूब – डूब
इस सुधोपम निर्झर में
बिना बारिश, बिना मेघ ही
मैं तो भीग रहा हूँ।
मैं तो भीग रहा हूँ।

पुरुषार्थ - परिचय

उद्धत लहरें रोकेंगी पथ,

        बनकर उन्मद शिला खण्ड!
उगलेगा आग ज्वारभाटा

        अचल विश्वास का होगा खण्ड!
ज्योतिष – जाल तुम्हे बाँधेगा,

        फूलों की छाँव काँटा बनकर!
तुम्हारे शयन पर बिछ जाएगा,

        पुरुषार्थ पराजित होगा बार – बार!
रजत मोती दीप स्वप्न का

        गले चन्द्रहार बनाया क्या?
तुम अलक्षित रहोगे आखिर कब तक,

        बोलो समय को बाँधा है क्या?
हे मानव! दूसरे तट पर,

        पहुँचेगा तू उस दिन जब!
अपने भीतर के पुरुषार्थ का,

        सच्चा पहचान कर लेगा तब!
अग्नि वर्षा में भीग – भीगकर,

        ठंडे संकल्प की ज्वाला लिए!
बढ़ो लेकर निज पथ पर,

        उन्मद शिला खड़ा है स्वागत के लिए!
तभी जीवन मरणो महोत्सव का,

        स्वास्तिक गान गाएगा!
लहराएगा आकाश चरणों में,

        तू पुरुषार्थ – परिचय कहलाएगा!

देखना, एक दिवस चमक उठेगी साँझ

देखना, एक दिवस चमक उठेगी साँझ!

पाषाण पर घिस – घिसकर निज लहू,
खिलाया है मनुज ने कितने तरू,
अंधकार मिटेंगे कर आशाओं से भरा तू काज!
देखना, एक दिवस चमक उठेगी साँझ!

टूटी नौका, पाल फटी बीच मजधार,
ले हौसले का पाल बना, पार कर मजधार,
किसका पंथ निहारता, ले संघर्षों से खुद को मॉज!
देखना, एक दिवस चमक उठेगी साँझ!

एक – एक तिनके से सजता खग – नीड है,
मथत – मथत दुग्ध बनता नवनीत है,
हाथ छुड़ा संबल का सपनों से तू आगे लाँघ!
देखना, एक दिवस चमक उठेगी साँझ!

कर स्वप्नों को पार

मेरे बेचैन मन ने कुछ लिखा है
पत्र – उर्वशी प्रियतमा के पास।

कितने छन्द कितने अनुराग
गूथ – गूथ लिखें हैं पराग
वो! तारावलियों उन तक
पहुँचा दो मेरा तार।

वेदना कैसी – कैसी उठ रही है
उनको किंचित खबर नहीं है
नि:श्प्राण – सा हो गया हूँ
बस, तकता रहता हूँ उनकी राह।

तुम कहाँ हो – कहाँ हो?
स्वप्नों में तो नित आती हो
आवोगी कब मेरे प्रत्यक्ष
कर स्वप्नों को पार तुम।

मेरे बेचैन मन ने कुछ लिखा है,
पत्र – उर्वशी प्रियतमा के पास।

चित्र - चेतना

वह कौन है जो
मुझे जगाता है?
अपना सत्वर सौंप कर
मुझमें अपनी उत्कटता
भर जाता है
और, मेरे रोम - रोम को फोड़
बहा देने को व्याकुल है
समग्र बल, बुद्धि और विवेक
जो अब तक मेरे भीतर
सुषुप्त अवस्था में
जड़ मूल बना हाय!
मुझे ही खाय जा रहा था
जो मेरी ही चित्र - चेतना की छाया थी
इस दिव्य शक्ति की गूँज
मेरे हृदय को ऐसे झकझोर रहे थे
बार - बार सहस्र बार
मानों, ज्ञानेंद्रियों को जगाकर
कह रहे हो, दृढ संकल्पित होकर
उठ जाग! आखिर कब तक सोयेगा।

हे! बालारुण के शिखर मुख

हे! बालारुण के शिखर मुख,
बोलो, तुम मौन क्यूँ हो?

नभ के काले बादलों में
छुपा बैठा है कौन?
अपने अंक में समेटे
दिवा का ज्योति पुंज।

हे! बालारुण के शिखर मुख,
बोलों, तुम मौन क्यूँ हो?

बिजलियों की गूँजती टनकार से
जो प्रतिध्वनि रेखांकित हो रही है
वह मेरे उर की छवि – वेदना है
या, किसी बेवा की टूटी हुई
चूड़ियों की क्रंदन की झनकार है
या, किसी ठनके की चोट से
उजड़ा हुआ गरीब का कुंज।

हे! बालारुण के शिखर मुख,
बोलो, तुम मौन क्यूँ हो?

गरजती मेघ, की बूँदों से
तर करने को कंठ है आतुर
झींगुर, मेढक, चकवा, चकाई
सब ऋतु मादकता की चासनी में

नील सलिल में भीगने को है आतुर
शतदल के कोमल पत्तों पर
निशा ऊँघती थर – थर काँपती
एक अकेला नूतन पंथ खोजता
अपनी कविता के छंदों में खोया
कोई गीत प्रगति का गाता
चला ना जाने किस दिशा में
छोड़कर अपने साथी का झुंड।

हे! बालारुण के शिखर मुख,
बोलो, तुम मौन क्यूँ हो?

अँधेरा

है रात अभी बाकी
कि, दिन का सूरज डूबने वाला है
कर के व्योम की यत्राएँ
खग – कूल अपने नीड़ को लौट रहे हैं
क्योंकि घिरने ही वाली है
निशा का चरम उन्माद अँधेरा
ढकने को अपने अंचल में
करने को समतल समान समरूप
अवनि और अम्बर को।
अपने भीतर – बाहर चारों ओर
अँधेरे का सम्राज्य खड़ा करने को
देखा करती रजनी नित नूतन
दृगों में लिए स्वप्न – कल्पित
पर, बालारुण की मृदु किरणें
ले गुरु – हथौड़ा हाथ अपने
नित करती प्रहार रजनी पर
खण्डित करने को मन का
अचल विश्वास का वह लम्वत दिवार
जहाँ प्राची से उठा करती है उषा
रजनी का कल्पित – सुख हरने को
उसके भ्रम का तम तोड़ने को।
रजनी, हे अल्पायु वाली रजनी!
तुम्हे नीज सत्य ज्ञात कराने को
बालारुण की मृदु किरणें आती है
भरने को अखिल में चतुर्दिक प्रकाश
मिटाने को तुम्हारे अंचल का अँधेरा।

वही देश तो मेरा है

स्वाधीता की सौन्धी महक
जिस माटी में है
आशा की
अवतीत किरणें
साफ़ा बाँधकर आती है
मन का अलख – जगाने जहाँ
वही देश तो मेरा है।

हिमालय उद्धात
होकर जहाँ
नदियों को बेटी
कह पुकारता
भाँति – भाँति के
पलाश
हर सिंगार
कपूर
आदि
शुशोभित है
अदिति रूप में
लेकर अविरल भाव
ऐसी छवि प्रकृति की – मुखरित है जहाँ
वही देश तो मेरा है।

बोली में विविधता
है रक्त जहाँ का लाल
हर घर में

रहता है
एक सिपाही
आत्मविश्वास से भरा
मर्यादा पुरुषोत्तम – सा
अपनी
लौ
में
जलता हुआ
सिकन्दर जैसा विश्वविजेता भी – हारा जहाँ
वही देश तो मेरा है।

समय का उजियारा

देख
पथिक, देख।
क्या कहता है?
यह समय का उजियारा।

चढ़ता – चढ़ता – चढ़ता
चढ़ता ही चला जाता
नित नय आयाम
लिखता – लिखता – लिखता
लिखता हीं चला आया।

छोड़ चिंता
चिंतन आरम्भ कर
संकीर्णता उतार फेक
नभ – सा व्यापक बन
उठ खड़ा हो
मानवीय मूल्यों से
भींच ले मुट्ठी में
गुरु हथौड़ा
कर चोट।

तोड़ दो–
वह परम्परा
वह आडम्बर
वह सभ्यता
वह संस्कृति

जिसके नाम पर
हमारे हीं जीवन मूल्यों की
आहूतियाँ
दी और ली
जाती है
यही कहता है
समय का सहर।

पहचान
पथिक, पहचान!
मत भूल तू
यह समय का उजियारा।

मेरी विदेश यात्रा

(कोरोना वायरस जैसे वैश्विक महामारी के समय लिखी गई कविता)

दिनभर काम की थकान से थक कर

एक ही स्थान पर सालों से पड़े – पड़े

मन जब ऊबने लगा

तो, दूसरे मन ने कहा

चलकर कहीं बाहर घूम आते हैं।

(एक विदेश यात्रा पर!)

कहाँ जाऊँ?

इस प्रश्न की जटिलता से

मैं ज्यों ही बाहर निकला

कि, इटली के लिए निकल पड़ा

मन में हर्ष और उल्लास

उच्छलित हो रहा था

घूमने के लिए पॉम्पी शहर

ग्रांड वैनाल वेनिस

सिसली द्विप पर बसा

माउण्ट एटना की वह चोटी

जो विश्व की सबसे ऊँची

ज्वालामुखी की चोटी है

ये सब दिवा – स्वप्न से थे मेरे

जो इटली पहुँचकर होने थे पूरे

आखिरकार मैं इटली की धरती पर पहुँच ही गया

जैसे कोई पहुँच जाता है दूसरे ग्रह पर

मेरी इटली यात्रा का वह इटली

इतना कोरोना वायरस से तिक्त हो चुका था

कि, मैं वहाँ एक पल के लिए भी नहीं रुका।

मैं निकल पड़ा चीन की यात्रा पर
चीन के बीजिंग, ताईवान, वुहान आदि शहरों में भी
कोरोना वायरस, कोरोना वायरस, कोरोना वायरस
ही थे जो सभी दिशाओं में गूँज रहे थे
और वुहान तो जैसे कोरोना वायरस में
डूब ही चुका था
किसी को कहते मैंने सुना
वुहान शहर ही है जिसने फैलाया है यह कोरोना।
मैं वहाँ से भी जान बचाकर भागा
और इस प्रकार थाइलैंड, ईरान, इराक
अमेरिका, ब्रिटेन, फ्रांस, जर्मनी
जैसे कई देशों की यात्रा के उपरान्त
जाना की विश्व पर कोरोना वायरस
की काली एवं मनहूस छाया पड़ चुकी है
जो मृत्यु – सा मुँह बाये खड़ी है
किसी असुर की भाँति
किसी को भी निगल जाने को।
यह सब देख मैं अंबालिका – सा पीला पड़ गया
और अपनी यात्रा को बीच में ही छोड़
सकुशल अपने देश, अपने घर वापस लौट आया।

बाजारवाद

आज समाजवाद नहीं चलता है बाजारवाद
रूपयों का मोल जितना मानव का मोल कहाँ
आज हर किसी को होगा समझना
किस तरह से है बाजार में बिकना
भिन्नता से लिप्त इस बाजार में
रूढ़े हुए लेहाज का मोल कहाँ।

भिन्नभिन्नाती मधुमखियाँ क्षेममयी टोकरियों पर
कोई ग्राहक भी नहीं देता ध्यान उस पर
बाजार की कुटनीति पर होनी चाहिए पकड़
नहीं तो जीवन के संध्या बेला तक में
रह जाओंगे अकेले बाजार – तम – पूंज में

यह वक्त है लैम्प और लालटेन में अन्तर का
नहीं करते एक समान रोशनी ये अब घर का
बहु – बेटियों ने चार दिवारी की दहलीज तोड़ दी है
सड़े – गले रिवाजों ने तो मानवता की कमर तोड़ दी है
खादी हो या खाकी सभी बिका करते है पैसे पर
पुरुषार्थ पराजित होकर भागता पीछे पैसे के
गाँधीवाद की जगह आज खड़ा है बाजारवाद
इस महामरण समाज में आदर्शों का मोल कहाँ।

शासन के सारथी

उठ रहा धुआँ क्यूँ?
बुझे हुए चूल्हे से
दिन को आखें दिखला रहा
क्यूँ बैठ पेड़ पर उल्लू?
प्रबुद्ध क्यों चुप हैं?
राजनेता को क्या हुआ है?
देश की संसद को भी
क्या साप सूँघ गया है?
मोर, हिरन, बटेर, जुगनू
सभी यहाँ से कूच कर रहे हैं
और बाघ, सियार, बिच्छू, घड़ियाल
शासन के सारथी बने हुए हैं।

चुप्पी को तोड़

शब्दों के जाल डाल
लिखते बहुतेरे हैं
लय – तुक छन्दों में
परियों के लोक में
घूमाते घनेरे हैं
पर, मैं पूछता हूँ
कलम के थामने वाले
क्या तेरी उगलती है कलम
चिंगारी, बनने को शोला
आग का गोला
शोषण को जलाने के लिए
बर्फ जो जम गई है
संवेदना की
उसे पिघलाने के लिए
धर्म के ठेकेदारों पर
हथौड़े चलाने के लिए
नहीं, तो तेरी
कलम चलती है
केवल दिखाने के लिए
हाँ, मैंने तो देख है
बोलती है कलम
निश्चय हीं कलम बोलती है
तुम्हें बुलवाने के लिए
चुप्पी जो तेरी है
उस चुप्पी को तोड़
झकझोर कर जगाने के लिए।

अनहद के कोहरे

दूर देश से कहीं बैठा कोई
देख रहा है – देख रहा है
अनहद के कोहरे को
सूंघ रहा है – सूंघ रहा है।
परिवर्तन की नई सुबह को
अपने अंक में समेटे
कोलाहल की बदरी को शांति का संदेश
सुन रहा है – सुन रहा है।
सत्य जिसकी गाथा गाए
जो सत्य का करे प्रयोग
अनशन, भूख, अहिंसा और सत्याग्रह
के मार्ग पर चलकर जिसने
गुलामी का स्याह रंग मिटा दिया
आजादी की सुनहरी भोर के लिए
वह हम आर्यावतों से कुछ
पूछ रहा है – पूछ रहा है।
मेरी सहादत क्यूँ शर्मिन्दा है?
मेरे किसान मेरे मजदूर
आज भी क्यूँ शोषित है?
मेरे ही सिद्धान्तों पर रखकर पाँव
मेरी ही छाती पर चढ़ गए हैं
और, कर रहे है अपने नखों से वार
हाय! अब क्या बचा है मेरे नाम का?
मेरी टोपी, मेरा चश्मा क्या
मेरा देश तो मुझे भी
बेच रहा है – बेच रहा है।

अछूत

मैं शुद्र दया का पापी हूँ
मैं कुलीन वर्ग के अन्तर्मन की
लसलसाती पीड़ा का बिरवा हूँ
सब कहते है अछूत मुझे
फिर क्यूँ मुझी से?
मोक्ष माँगने आते हैं।

मैं अग्नि हूँ अग्निखोर भी
मैं हवा हूँ और जल भी
मैं पंचभूत भी
और सभ्य समाज से
मैं हीं निस्कासित भी।

हे अखिलेश्वर!
किस मिट्टी से
तुने मुझे जना था?
क्या वह अछूत के
आँगन का था
क्यों मुझे कुत्सित वासना से
देखा जाता है?
तुम्हारे ही रचित
इस संसार में।

बोलो क्या मुझमें तेरा
अंश नहीं है?
या मैं तेरा अंश नहीं हूँ

मेरे प्रश्नों के उत्तर लिए
आखिर, कब तक मौन रहोगे?
मेरे साथ हुए अन्याय का
कब तक पक्ष धरोगे?

ऐसा ना हो आस का पंछी
कही आह! आह! कराहते
करुण – वेदना की निष्ठुर चोट से
अपनी स्वाधीनता का स्वप्न संजोये
पिंजर में ही दम तोड़ दे
तब भी तुम मौन ही रहना।
अछूत के हित कुछ न कहना
क्योंकि, तुम भी 'अछूत' हो जाओगे?
तो फिर, मेरे प्रश्नों का उत्तर कौन देगा
आखिर कब तक सामंती मानसिकता
अहि के समान अछूत को
नित निगलता रहेगा
उसके अपने हीं घर में।

जनतन्त्र

चल रहा समर काल है
देश के लिए
देश के हित में
चक्रव्यूह पर चक्रव्यूह है यहाँ
एक अभिमन्यु केवल नहीं
इस अभेद्य चक्रव्यूह में
देश की जनता घिर गयी है।

प्रचंड गर्जना के शोर से
पटी यह समर भूमि है
जनतंत्र यहाँ केवल दिखावा है
क्या कौरव?
क्या पांडव?

शामिल कर देश को
स्वहित के चौपड़ खेल में
जनतंत्र के वकालत वासी
जनतंत्र के पहरेदार
भ्रम के पासे फेक रहे हैं
और जनता
बेचारी रह गयी है
बस, चौपड़ की चाले बनकर।

सियासत

अरे ये वही शहर है
जहाँ के घरों के चूल्हों में
आग नहीं
बल्कि चौक – चौराहे पर
नंगी चिताएँ जलती है।

तवे पर जो
रोटियाँ सेंकी जाती हैं
वह रोटियाँ राजनीति की होती है
गोल रोटियो पर जो
छार के काले धब्बे हैं
वे सियासत के घोड़े हैं
जो शतरंज के घोड़े जैसे हैं
दो पग सीधे आध पग
आड़े – टेड़े, मन में छद्म भाव लिए
छोटे – छोटे प्यादों को लाँघते, मार गिराते
आगे बढ़ते हैं।

इनका ना कोई धर्म
ना कोई जाति है
इनका सिद्धान्त बस इतना है
कि, इनका अपना कोई
सिद्धान्त नहीं है
कभी अयोध्या, कभी बाबरी मस्जिद
के नाम पर
धार्मिक उन्माद फैलानें वाले

सबके श्रद्धेय कहलाने वाले
'श्री राम'

पर जो सियासत करते हैं
वह हम भोली – भाली
जनता को क्या छोड़ेंगे
बनाकर अपनी पार्टी का अम्बेस्डर
राम का कॉपी राइट
अपने नाम किया है
करवाने को लूट – मार और दंगा।

उठ जाग अरे
वो मूढ़ जनता!
हाथों में तलवार लेकर
कहाँ दौड़े – भागे जाते हो
तनिक ठहरो तो सही
तेरे बच्चे भूख से
बिलबिला रहे हैं
और तू किसके लिए
हिनहिना रहा है
और अपना रक्तचाप
बढ़ा रहा है।
वो तो एयर कंडीशन में बैठकर
काजू, मेवा, पिस्ता और बादाम खाते हैं
और जनता हाँ...हाँ...भाई जनता
अपने रक्त से उनकी सियासत
को सींचती है
और उनके बदले में पाती है

अपने पीछे एक अश्रु पूरित विधवा
व, कुछ अनाथ बच्चे।

जो सड़क पर भीख माँगने को
बदहाल, विवश और लाचार
दया धर्म पर पलते हैं
और सीसों में बंद
एयर कंडीशन वाले बाबू
शतरंज की चाल की भाँति
उन्हें शह और मात देते
आगे बढ़ जाते हैं
और वह अनाथ कई पीढ़ियों
की सीढ़ियाँ चढ़कर नीचे
गर्त में उतर जाता है
उनके सियासत को और धार देने को
तथा खुद को उनके हाथों
सियासत की शूली चढ़ने को।

आज तुम्हारा मौन नहीं प्रिये तुम्हारा शब्द चाहिए

आज तुम्हारा मौन नहीं प्रिये तुम्हारा शब्द चाहिए…!

प्रेम की दहलीज पर, जब रखा था मैंने पहला कदम,
था अनजान मैं, प्रेम के हर पथ से हर मोड़ से।
तुमने थामकर मेरा हाथ, इस पथ पर चलना सिखलाया,
और बाँधे रखा मुझको हर क्षण अपनी प्रीत की डोर से।

यह डर तुम्हारा गिरने का मुझको प्रिये…
अब क्यूँ नहीं सताता है तुमको प्रिये…

आज तुम्हारा मौन नहीं प्रिये तुम्हारा शब्द चाहिए…!

थे नदी घाटी समुद्र मेरी कल्पना के आधार,
मैं रग – रग रंगा था इनमें, यह रंगे थे मुझमें।
लिख – लिख इन पर कविताएँ, मैं कवि बना था जो,
ले गई वह आधार तुम छीनकर क्यूँ मुझसे।

कूल पर बैठ क्यूँ भवर में छोड़ दिया मुझको प्रिये…
बता, मैं अवलंबन को खोजू अब किसको प्रिये…

आज तुम्हारा मौन नहीं प्रिये तुम्हारा शब्द चाहिए…!

मैंने भावना में जिस भावना का वरण किया था,
सर्वस्व न्योछावर कर अपनी, निष्ठा का प्रमाण दिया था।
वह मृग – मरीचिका थी, जिसके पीछे मैं भागता रहा,
वह मेरे लिए नहीं, पर मैं उसके लिए बना था।

मेरा एक पक्षिय प्रेम है समर्पित तुझको प्रिये...
तुमने क्यूँ स्वयं से निःसंग किया मुझको प्रिये...

आज तुम्हारा मौन नहीं प्रिये तुम्हारा शब्द चाहिए...!

देखों, सवेरा हो चुका है

देखों, सवेरा हो चुका है!

मार्तंड ने खोली जो अपनी आँखें,
घुप्प अँधेरा की झरने लगी पाँखें,
अभेध था जो अब तक वह टूट चुका है!

देखों, सवेरा हो चुका है!

मन को मार जो बैठा है हार,
वह लहरों को नहीं कर पाता पार,
मुश्किलों में जो धैर्य को साध चुका है!

देखों, सवेरा हो चुका है!

पथरिले पथ पर चलने वाले नंगे पाँव,
नहीं देखते कभी पीछे मुड़कर अपने घाव,
लक्ष्य प्राप्ति का जो मन में ठान चुका है!

देखों, सवेरा हो चुका है!

लाठी

देखों ! देखों !
वह बुढ़ा – सा इन्सान
कैसे लकुटी टेके चल रहा है
तपती धूप में वह
नंगे पाँव
सर पर चिथड़े का वह
साफ़ा बाँध
नून, अमौटी, मिरचा औ सत्तू
कि, एक गठरी को लिए हुए
धूल उड़ाता, धूल फाकता
धीरे–धीरे अपनी लय में वह बढ़ रहा था
कि पीछे, बरगद औ नीम
छूट रहे थे सब बारी – बारी से
वही गाँव वही पनघट
कहीं खेत खलिहान
जिसकी मिट्टी में वह पला–बढ़ा था
वही अब उसको चिढ़ा रहे थे
लाड़ – प्यार की छाँव में
जिस बेटे को वह बड़ा किया था
समझकर अपने बुढ़ापे की लाठी
वही थमा अब लाठी उसको
घर से बाहर निकाल दिए थे।

कलम नवीस

अरे वो कलम नवीस!
तुमने तो बहुत लिखा होगा?
ना जाने, कितनी कलमें तोड़ी होंगी?
और कितनों को घीसा होगा?
लिखते वक्त
हाँ, हाँ, लिखते वक्त
अपनी कलम की झनकार से
सोये कितनो को जगाया होगा?

कितने हीं टूटे सपनों को सजाया होगा?
पर क्या–
गाँधी, विवेकानन्द के सपने सजा पाए
समाज में व्याप्त कुअवधारणाओं को
जड़ से हाँ, हाँ, जड़ से
क्या मिटा पाए?

यदि नहीं तो झूठ हीं नवीस
होने का दंभ भरते हो?
दफना क्यूँ नहीं देते हो
अपनी कलम को
उसकी अस्थियाँ क्यूँ नहीं
नाली में बहा देते हो?

हाँ, हाँ, कलम जो अगलती है आग
तुमने उस पर कितनी हीं
वर्फ की अनगिनत परतें

जमा दी है
जो, सदियों से हठास पड़े हैं
उसे कलम की अग्नि में
पिघला दो
धधका दो
इतना आग – इतना आग
कि, उसमें तपकर कुंदन बन जाए
देश का हर बच्चा – बच्चा।

आदमी

बड़ी बिडम्बना है
आज के इस युग में
चेहरे को चेहरा छुपाता है
देकर धोखा आदमी को
आदमी खुद को ताज पहनाता है
सच और झूठ की इस ठेला – ठेली में
सच पैरों के तले रौंदा जाता है
और आदमी बदलते
समय के साथ
कितना कुछ बदल गया है
गिर गया है
ढह गया है
पदच्युत हो गया है
नैतिक मूल्यों का
वह मानवीय ढाँचा
वह विचार वह आदर्श
जिस कसौटी पर खरा
और खड़ा होता है आदमी
यह संयोग नहीं है
बल्कि, आदमी का रचा हुआ
आदमी की ही हत्या है

मुझे बाघ चाहिए

एक नन्हा – सा बालक
अपने छत पर बैठा
नीले आकश को
मुख उठाए निहार रहा था
और, बादलों से बनी आकृतियों को
अपनी नन्ही मुलायम उँगलियों पर
गिन रहा था
फिर, कुछ देर बाद वह
अपनी माँ को बुला लाया
और कहने लगा
तोतली जुबान में
माँ यह, हाथी
घोड़ा कैसे बन गया?
जो बिल्ली थी अभी यहाँ
क्या उसे इस बाघ ने खा लिया?
यह ऊँट तो, मेरे ऊँट जैसा है
जो तुम मेले से मेरे लिए
खरीदकर लायी थी
माँ मुझे वह बाघ दिला दो
मेरे पास कोई बाघ नहीं है
माँ बोली अपने बेटे से
प्रश्नों के उत्तर में
मेरे लाड़ले यह बाघ नहीं है
यह तो एक बादल है
बाघ तो जंगल में रहता है
उसे माँ की बात समझ में ना आयी

और, वह खिनखिनाकर रोने लगा
अपनी जिद्द में माँ को बाँधने लगा
मुझे बाघ चाहिए! मुझे बाघ चाहिए!
मुझे यही उजला बाघ चाहिए
यह कह अपना पैर पटकने लगा
माँ ममता की होती है प्रतिछाया
कैसे दे अपने बेटे को दिलासा?
कि, यह बादलों की कपट माया है
यह बाघ नहीं
बादलों का एक टुकड़ा है
जो पलभर में छू हो जाएगा
बाघ ना जाने कब आदमी
मोर, सर्प, पेड़ बन जाएगा
वह एकाएक चुप हो जाता है
दौड़कर दूध का भगोना ले आता है
और खाली भगोने को
दिखलाकर कहता है
मेरा दूध जो
बिल्ली, पी जाती है
मुझे भूखा और तुम्हें खिन्न
जो होना पड़ता है
उस बिल्ली को मैं
बाघ से डराऊँगा
और दूध कभी अपनी बिल्ली को
पीने नहीं दूँगा
तुम्हारी आँखों को कभी अपने लिए
हे माँ! मैं रोने नहीं दूँगा
इतने में बाघ उड़ जाता है

बादलों में कहीं खो जाता है
माँ! माँ! वह बाघ नहीं है
उसके जगह पर बादल है
तो फिर मेरा बाघ कहाँ है?
माँ कहती हँसकर बेटे से
हाँ बेटा! वह बाघ नहीं है
मैं तो कब से कह रही हूँ
कि, तेरा बाघ; बाघ नहीं है
वह तो केवल एक बादल है।

राष्ट्र की पहचान

धरा यह राष्ट्र की
राष्ट्र की पहचान है
हे मनुज! ना काटो इसे
ना बाँटो, ना कोई मजहबी रंग दो।

पूछों, उस शहीद अशफ़ाक़ उल्ला खाँ से
देश भक्त शहीद, मंगल पाण्डे से
जिसने लहू का एक कतरा तक
अपने लिए नहीं बचाया
चढ़ गए शूली पर हँसते – हँसते
आँखों में तेरे भविष्य के सपने लिए हुए
मुफ्त में तुम्हे नहीं मिली आजादी
बुजुर्गों ने दी है अपनी कुर्बानी

राष्ट्र तेरा अनमोल धरोहर है
तू है इसका भाग्य – विधाता
फिर तू किसके लिए चिल्लाता है
देश विरोधी नारे लगवाता है
संसद के हमलावर के मारे जाने पर
खुद को शर्मिन्दा कहता है
क्या तेरी राष्ट्र भक्ति यही है?

हे मेरे राष्ट्र के कर्णधार!
देश विरोधी गतिविधियों के लिए
नहीं मिलती है
किसी भी देश में

अभिव्यक्ति की आजादी
पाकिस्तान जिंदाबाद – जिंदाबाद कहने वाले
पाकिस्तान में रहकर तो बोलो?
या, उनकी कोई फितरत है तो खोलो?
या देश विरोध नारे लगाकर तो देखो?
रूह चश्मदीद होगी तेरे
बदन को कफन नसीब नहीं होगा।

भूख की आग

आधार के बदलते हीं
अधिरचना बदल गयी
मिट्टी से उठने वाली आग
अपने जबड़ों से दबोचकर
भूखे पेट की मृदा अग्नि को–
सुलगाने हेतु एक साँड
जबड़ों में आग को लिए हुए
अब भी लड़ रहा है भूख से
जबकि उसकी अतड़िया
सूखकर सिकठी हो चुकी है
अपनी गर्म साँसों पर टाँगकर
वह आग को पकाता है
ताकि भूख को पिघला सके
उसे पुनः अपनी अवस्था में ला सके
यह सब जो वह कर रहा है
अपने लिए तो बिल्कुल नहीं
शायद, उसके जैसे किसी और के लिए
क्योंकि, वह भूख की आग जानता है
वह जानता है अपनी मृत्यु को
कि, किस आग में जलकर वह मरा था।

चकिया का केदारनाथ सिंह

बादलों की ओट में
जा बैठा है वह
चुपचाप – गुमसुम
एकाकी – सा–
अन्नत की ओर
मुख किए हुए
निर्जन पथ पर
निर्विकार – सा बढ़ता हुआ ।

वह अन्तर्दीप्त था
आकाश – सा–
वह काव्य संवेदना का
कल – कल तरंगीत होता
अर्णव का मोती था

भाग्य हमारा हाय !
कि, उसे ना रोक सका
'नयी कविता' की धारा का
अप्रतिम, आरम्भ और अंत
का था जो तेज प्रवाह
जिसमें विकसित व विस्तृत हुये
हिन्दी कविता के आयाम
वह जनप्रिय, जनकवि, जन विचार
चकिया का केदारनाथ सिंह
उत्कट बिम्बों को जीने वाला
वह कहाँ गया निर्मोही ।

एक विचार – सा मेरे
मन में चलता है
एक दु:खद और डरावना
दृश्य – सा लगता है
जो विवेक और प्रकाश
पाया तुममें हे कविवर!
वह दीक्षित – प्रकाश पुँज
अब कहाँ से पाऊँगा?
तुमने रिक्त किया है
हिन्दी साहित्य का
जो अनुपम कोना
वह अब कैसे कोई भरेगा।

लोहे का शहर

अब कोई चिड़िया
नहीं आती मेरे घर
चेंचें कर मुझे
नींद से जगाने को
अब कोई गिलहरी
मेरे आँगन में नहीं उतरती
मेरी माँ के सूखते गेहूँ
के दाने चुगने के लिए।

यह लोहे का शहर है
कहाँ सुनाई पड़ती है?
लोहे के निष्ठुर कानों को
किसी की करूण स्वरों की गूँज।

नित्य आकाश चढ़ने की भूख ने
मनुष्य को लोहा बना दिया है
वह भूल चुका है
अपनी धरित्री, अपनी माटी
अपना निर्माण, अपना पतन
क्योंकि, वह यंत्रवादी हो चुका है
लोहे को समझ रहा है जीवन
और जीवन को वह
समझ रहा है लोहा।

अब कोई छिपकली मेरे घर की
दिवारों पर नहीं चढ़ती है

कि, उस पर कोई भी कविता
के छन्द, मैं बुन सकूँ
अब कोई कोकिला के गीत
मुझे सुनाई नहीं पड़ते
जिसकी राग – रागिनी में मैं
अपने दग्ध मन को शांत कर सकूँ।

देश राजनेता और राजनीति

मैं रोज की तरह
कॉलेज से पढ़ा कर
अपने घर को लौट रहा था
कि इतने में सामने से
एक बच्चा आकर खड़ा हो गया
ठीक मेरे सामने मेरी नाक के आगे
उसने मुझसे पुछा : 'आप प्राध्यापक हैं?'
मैंने उत्तर दिया : 'हाँ!'
उसने कहा : 'आप किस विषय में हैं।'
मैंने कहा : 'राजनीति शास्त्र विषय में।'
वह थोड़ी देर सोच – विचार में पड़ा रहा
फिर, एक लम्बी साँस छोड़ते हुए, कहा :
'मैं कब से आपको ही ढूँढ रहा था।'
मेरी जिज्ञासा बढ़ी, मैंने पूछा : 'क्यूँ?'
उसने कहा : 'मैं चिंतित हूँ,
इस देश के बिगड़ते हालात को देख,
राजनेता और राजनीति दोनों भटक गये हैं,
देशहित के पथ से,
डगमग – डगमग डोल रही है,
देश की नौका मानो डूब रही है;
जनप्रतिनिधि देश की छाती पर
चरस, अफ़ीम और गाँजा उगा रहे हैं,
और अपने – अपने हिस्से की
बंदर बाँट की लड़ाई में
संविधान की अस्मिता तार – तार कर रहे हैं,
ना तो शब्दों का संयम बचा है,

ना ही कर्त्तव्यों का मान बचा है।'
आप तो 'राजनीति शास्त्र' के प्राध्यापक हैं,
आप चाहे तो बचा सकते हैं
देश को लकवा मारने से
क्योंकि, आप में एक संतुलन है; सोखने की
जड़ता को झकझोर हिला तोड़ने की
अच्छे से आप मुझे जानते हैं
मेरी छाती अब कुपित हो फटती है
देख – देख भीतर ही भीतर धँसती है।'
मेरे मन में बालक के लिए
प्रश्नों का जैसे एक पहाड़ खड़ा हो गया
मैंने उसके ललाट को पढ़ना चाहा
इससे पहले वह मुझे पढ़ चुका था
मैंने उसकी आँखों में झाँककर कहा :
'तुम कौन हो?
अपने उम्र के बहाव से आगे निकलकर
इतनी गूंढ बातें कहाँ से सीखी।'
वह थोड़ी देर चुप रहा
फिर, साँसों को स्थिर का बोला :
'जो आपके सामने खड़ा दिख रहा है
वह कोई और नहीं है
आपका ही भारत देश है
मेरे पाँव में आज भी बेड़िया है
कल मुगलो ने; अंग्रेजो ने
और ना जाने कितनों ने
मेरी मान को लूटा था
और आज मेरी शिराओं में बहने वाला रक्त
दीमक बनकर मुझे धीरे – धीरे निगल रहा है।'

एक सहर रोज गुजरता है

एक सहर रोज गुजरता है
मेरे घर के आँगन से होकर।
चिड़ियों की चींचीं का मधुर कलरव,
मेरे अंतर्मन में संगीत सजा देता है।
मैं टटकी सुबह जब उठता हूँ,
मेरे भीतर की तृष्णा को मिटा देता है।
एक सिलसिला है जो यह चलता है
एक सहर रोज गुजरता है,
मेरे घर के आँगन से होकर।
धीवर पुत्र समुद्र की लोल लहरों पर
देखों कैसे धीरज बाँधे रहता है।
जीवन संघर्षों का एक मेला जैसा है,
यह संदेश लिए वह लहरों पर चलता है।
भला समय किसके लिए ठहरता है।
एक सहर रोज गुजरता है,
मेरे घर के आँगन से होकर।
घनेरे बादलों में छिपा जो जल – कण है,
वो धरित्री के सूखे कंठो की प्यास है।
जो अभी – अभी जन्मा है मिट्टी की कोख से,
वह कितने हीं निराश पंछी की आँखों की आस है।
एक सहर रोज गुजरता है,
मेरे घर के आँगन से होकर।

पीपल

पीपल!
क्या तुम वही हो
जिसे स्कन्द पुराण में पढ़ा था
जिसे श्री कृष्ण ने भगवत् गीता में
स्वयं को वृक्षों में पीपल कहा था
क्या तुम सत्य में वही हो?
या कोई
इस दौर का बहुरूपिया हो
जिसे अबतक मैंने पहचाना नहीं।

तुम्हारे मृत पत्ते
तुम्हारी भुजाओं से लगकर
तुम्हें खुरच – खुरच कर
रक्तरंजित कर रहे हैं
फिर भी तुम मौन हो।

और, तुम्हारे हरे सुकुमार पत्ते
जो तुम्हारे लालित्य को बढ़ाते हीं नहीं
बल्कि, तुम्हारे मान को कभी
क्षीण तक होने नहीं दिया है
वह आज आपने कंधे का बोझ उठाए
तुम से विलग होकर
स्वयं को निःसंग पाता है
और संग यायावर जीवन
जीने को विवश हैं
फिर भी तुम मौन हो।

यह समय का कुचक्र है
या, वर्त्तमान समय का कटु सत्य
जो भी हो तुम कोई और हो
क्योंकि, तुम अक्षम हो
तुममें वह पीपलपन नहीं दिखता
तुममें आश्रय का वह भाव नहीं झलकता
तुम्हारा संबंध स्कन्द पुराण से नहीं है
तुम्हारा संबंध श्री कृष्ण से भी नहीं हो सकता
क्योंकि, तुम पीपल हो हीं नहीं सकते।

दोस्ती

देखते ही देखते
हवाओं सा उड़ गया
कभी जो हमने साथ
बिताए थे दोस्तो के संग
वो मस्ती
वो रंग
वो उमंग
आज वह हवाएँ
मौन दिशा से उड़कर
उन दोस्तों की छवि गंध लिए
मेरे चित्त को महकाने आयी है
उनकी यादों की बरसात लिए
उमड़ी है मेरे अंतर्मन को भिगोने
और मैं भीगकर मानो
अपनी दोस्ती का हाथ थामें
अपने दोस्तों के साथ चल रहा हूँ।

सड़क पर के लोग

सड़क पर के लोग
सड़क को ही घर कहते हैं
तपती धूप में भी
वे नहीं तपते हैं
बरसाती बाढ़ भी उन्हें
अपने साथ बहाकर
नहीं कहीं ले जाती
और ना तो
ठिठुरती हुई ठंड ही
उनके हाड़ हिला पाती है।

जैसे कोई वरदान पा जाता है
महलों में रहने को
जितने भोग बने हैं
वह सब भोग भोगने को
सड़क पर के लोग
सड़क का भोग – भोगते हैं
उनके डायनिंग टेबल पर
वह और उनका कुनबा ही नहीं
एक साथ कुत्ते – बिल्ली भी खाते है।

धूल और धुएँ के थपेड़ों से
मार खा – खाकर
उनके बच्चे
सड़क पर फेंके हुए
उस टूटे चिलम की तरह

हो गए है जिनमें
अभी कुछ आग बाकी है
वह चूल्हा जिसपर
रोटी पकती है
बल्कि : यह आग तो रद्दी है।

उनकी मुरझाई आँखें
ऊँचे - ऊँचे आलीशान रेस्टोरंटों पर
टंगी होती हैं
और नित्य देखती है
सड़क को चाटने के लिए
सहज ही अन्न का मिलना
और, उनका अन्न के लिए
दाने - दाने को तरसना

मैंने देखा है उनको
अपनी क्षुधा के
खाली उचाटपन को
मुँह में आए पानी से भरते।

तुम कहते हो

तुम कहते हो
रेत पर बने रेत के घर
आँधियों के आगे
झुक जाते हैं
गिरकर रेत में
मिल जाते हैं
रेत पर बने रेत के घर।

तुम कहते हो
वह मिट्टी का घोंघा है
फिर कैसे वह रेत से
पानी निचोड़ लेता है?
कैसे पत्थर को पिघलाकर
औजार बना लेता है?
भूडोल बवंडर में भी
कैसे सीप-सा स्थिर रह लेता है?
फिर भी तुम कहते हो
उसे फटा हुआ एक कनस्तर।

मैं कहता हूँ
तुम अँधे हो
आँख वाला अंधा
जो रेत पर खिले हुए
नागफनी को नहीं देख सकता
क्योंकि, तुम्हें तो केवल
वह पदचिन्ह दिखाई देते हैं

जो किसी और ने
अपने लिए खींचा है
तुम तो केवल
उस पदचिह्न का
अनुकरण करना जानते हो
ताकि, उसके जैसा दिख सको।

तुम कहते हो
जिसको भी रेत यहाँ
वह रेत को मुट्ठी में
भींच लोहा बनाता है
वह लोहा जिसके एक चोट से
किसी के भी दाँत टूट सकते हैं
तुममें और उसमें अंतर तो है

तुम कहते हो
मुझे गिरने से डर लगता है
वह कहता है
मैंने गिरकर ही चलना सीखा है।

हनुमान घाट की सीढ़ियों पर

हनुमान घाट की सीढ़ियों पर–
अब भी उसके अवशेष
देखने को मिल जाते हैं
मुझे याद है ; निस्प्रभ आँखों वाली
उस वृद्ध का चेहरा।

जिसके काँपते हाथ
पुष्पों को अनुस्यूत करते – करते
अंगुलियों में सूई चुभा लेती थी
और झट उँगलियों को
दाँतों के बीच जिह्वा से
चूस, पुनः अपने रक्त में
प्रवाहित कर लेती थी।

ऐसा एक बार नहीं
वह बार – बार करती थी
जैसे इस कला में वह सिद्धहस्त हो
उसके कमनीय कमर, सन से बाल
मुख पर हताशा के बीच
आशा की अनगिनत झुरियों से झाँकती
उसके टूटे अग्निकाष्ट – तन की बची हुई आग।

फूलों की टोकरियों के आगे
मंडलाते कुछ दीन हीन बच्चे
हाथ फैलाए, मिष्टान लाभ की प्रत्याशा में
सीढ़ियों के चक्कर काट रहे थे

यह उसके हीं पौत्र थें–
जो अपने माता – पिता के अनाश्रित
और इस वृद्ध विधवा के सहारे थें।

एक दिन कुछ ऐसा घटित हुआ
जिसे इतिहास भी भूले तो कैसे?
हनुमान घाट की सीढ़ियों पर ; फूल बेचती
वह दलित नि ःसंग स्त्री
उसकी टोकरियाँ फूल से नहीं
बल्कि, अंगार से भरे पड़े थे।
उसकी झुकी कमनीय कमर
अब सीधी होने लगी थी
आँखों में नया सवेरा करवट ले रहा था।

मंदिरों के देवता सन्न थे
देखकर उसका आत्म – निश्चय
वह लोगों की आँखों में
अट नहीं पा रही थी
क्योंकि, वह सामान्य दृष्टि से
कहीं उपर उठ रही थी
मानों, पुरुष हार रहा हो स्त्री से
उसी हनुमान घाट की सीढ़ियों के नीचे
मैंने उसकी पत्थर की बनी
एक मूर्ति देखी
मूर्ति के नाक – नक्स अमूमन
उस वृद्धा की आत्म – गौरव
की कहानी कर रही थी।

मंदिरों में जाने वाले हर एक जन को देखा
मैंने देखा नैवेद्य और पुष्प
उस वृद्धा पर चढ़ाते हुए
यह सब मेरे लिए एक स्वप्न जैसा था
क्योंकि, जिसे अब तक सकुचाई आँखों से
आम जन को देखते देखा था।
वह विपुल – विराट – सी खड़ी होकर
सहस्त्र आम जन को
अपना परिचय दे रही थी
और कह रही थी – 'स्त्री कमजोर नहीं है।'

आदमी और कुत्ता

मार्तंड अभी तो चढ़ रहा है
उपर, थोड़ा उपर और उपर
अभी विकराल दुपहरी बाकी है।

कुत्ते की लम्बी जीभ को देखों–
कैसे निकाल तेजी से हॉफ रहा है
(शरीर की उष्णता की बेचैनी से!)
घर जिसके हैं; वो तो घरों में
पंखे के नीचे
खिड़कियाँ – दरवाजे बंद कर
चैन की नींद सो रहे हैं।

और, कुत्ता बेचारा
स्वामी भक्ति की व्यंजना करने के लिए
बाहर खड़ा निदाघ के भय से
नाली में गिरा पड़ा है
और आदमी उसके आगे
(अपने अहम भाव के साथ!)
तन कर खड़ा है।

सिन्धु सभ्यता का इतिहास

एक शहर
अब भी ढूँढ़ रहा है
अपने होने का प्रमाण।
कभी सिन्धु नदी के तट पर
इसका भी अपना एक नगर था
खुलती थी
खिड़कियाँ दरवाजे
घर के पिछवाड़े में।
एक दूसरे को समकोण काटती सड़कें
आयताकार खंड़ों में विभक्त थीं
दक्षिण एशिया के
उत्तर – पश्चिम तक फैली उसकी बाहें
अपनी नगरीय सभ्यता का
अद्भुत चित्र
खींच रही थी
होकर विपुल – विराट
जो अब काल – कवलित
हो चुका है।
इतिहास अब भी उसे पहचानता है
उनके घरों के कुँए के पानी
से, अपनी प्यास बुझाता है
वो बर्तन पर बना
मछुआरे का चित्र
शंख का बना बैल
स्त्री के गर्भ से–
निकला हुआ पौधा

सब उसके होने का प्रमाण है
यही बताता हमें इतिहास है।

एक दिन माँ सिन्धु ने
अपना मुँह फेर लिया
वैभव का तिलिस्म
माँ सिन्धु के कहर से–
होने लगा छिन्नतार।

टूटा अंतः सलिल का बाँध
विष बूँद वाणों से
लगे छूटने अपार
(लयात्मक गति से पूर्ण!)
जल – थल सब एक हुआ
माँ सिन्धु अपने जन को
देखते – ही – देखते समेट ले गईं
सैन्धव सभ्यता अपने आँचल में
स्तब्ध इतिहास तुंग हिमालय पर बैठा
घटनाओं का एक मात्र गवाह बनकर
हमारे सन्मुख आज खड़ा है
हमें बतलाने को ; सिन्धु सभ्यता का इतिहास।

कवि केदारनाथ सिंह

एक नन्हा – सा बीज
कवि केदारनाथ सिंह ने
अपने अहाते में बोया था
आज वही बीज
पचकियाँ फेंकने लगा है ।

देखते – ही – देखते वह
इतना बड़ा हो गया
कि, कवि केदारनाथ सिंह
उसके आगे ठिगने लगते हैं
इतरे ठिगने की उसकी पत्तियाँ भी
वह छू नहीं पाते
और पत्तियाँ हैं कि
उन्हें मुँह चिढ़ाती है
और वह चुपचाप देखते हैं
मानों वह समय के भीतर
खुद को तलाश रहे हो ।

जड़े इतनी मजबूत हो चुकी हैं
जैसे विन्ध्य पर्वत
वह चाहकर भी उस बीज को
उखाड़ नहीं सकते
जो उनके हीं अहाते में है ।
जड़े पोषक तत्व की भाँति
उन्हें अपने में सोखते जा रही है
और उनकी हिन्दी कविता

कविता के गहरे यथार्थ – बोध
सब उल्टे पड़े
पेड़ पर टंगे हैं
जो कभी शताब्दी की कविता
हुआ करती थी
वह आज अपने को
पेड़ पर टंगा पाती है।

स्वतंत्रता का समर

स्वतंत्रता का समर
अब भी जारी है
कल लंकापति रावण के विरुद्ध था
आज अयोध्यापति राम के विरुद्ध है।
समर तो समर है
रक्त जिसका भी बहे
प्राण जिसके भी छूटे
है तो वह आदमी हीं–
बर्बरता के तुंग शिखर
पर बैठा दानव दल
अपनी मुखाग्नि से जला रहा है
माँ, माटी और मानुष को
जहाँ भूप उच्छृंखलता में मतवाला हो
वहाँ प्रजाहित की बात क्या होगी?
कहते हैं यह भारत देश
देवों की भूमि रही है
फिर, देवों के नाम पर
यह नर संहार किसलिए और क्यूँ?
बड़ा बनने की जिज्ञासा
समर से पूरी नहीं होती
मानुष के सहज हृदय में
कर्मण्ड उतर जाने से होती है
समर तो वह उष्णता है
जिसमें मनुष्यता जलकर
अतिक्रम हो जाती है।

हाय रे मनुष्य

यह मनु – भूमि है
मनु अर्थात् मानव
भ्रमवश आप कह सकते है
इसे और एक नाम से
भी, पुकार सकते हैं
जैसे, ईश्वर की सुन्दर रचना
कभी प्रासंगिक थी जो
वह आज अप्रासंगिक लगती है
क्योंकि, मनुष्य असंतोषी हो गया है
द्रव्य जैसे कालकूट रसायन के हाथों
दया, दृष्टि और धर्म
को बेच दिया है।
यह मैं नहीं कहता हूँ
मेरी देहावसान प्राप्त एक
बहन कहती है–
यह बहन मानवता की है
यह बहन सभ्यता की है
यह बहन संस्कृति की है
यह बहन विचारों की है
धन जैसे कुपोषण रोग से ग्रस्त
कुछ बीमार मानुष ने
बड़ी ही निर्दयता से
उसकी हत्या कर दी है
बिना पूछे, बिना इजाजत।
हत्या जैसे पशुओं का
वह चारा हो गया है

जिसे कोई भी मनुजता के नाम पर
दराँती और कटार से
पशुता के पेट भरने के लिए
पीट और काट सकता है
ठीक वैसे, उसे भी अपने अहंकार
की क्षुधा मिटाने के लिए
मारा और काटा जा चुका है
अब केवल उसकी यादें
हवाओं में गंध बनकर
अपनी खुशबू बिखेर रही है।

मेरे अंतर्मन में एक प्रश्न
आग की धुएँ की तरह
जमकर काला हो गया है
वह मेरे भीतर
कूच करने के स्थान पर
घर कर गया है, जड़ हो गया है
उसको जितना हीं ढ़ाहने की
कोशिश करता हूँ
वह उतना ही आत्मविश्वासपूर्वक
मेरे सामने खड़ा हो जाता है
मैं स्तब्ध रह जाता हूँ
यह सोचकर कि किसे क्या कहूँ?
क्योंकि हर चेहरे के पीछे
एक चेहरा छुपा है
जिसे पढ़ने में मैं अबतक
नाकामयाब रहा हूँ।

सावन की पहली बूँद

सावन की पहली बूँद गिरी
सुधा बनकर
चटकी
कली
डालों पर
इन्द्रधनुष बनकर।
काले नभ की किरणें
गरज कर कहती
उषा की लाली की
एक ना सुनती
अपने साथ निरन्तर लेकर बरसती
समृद्धि और बदहालपन।
थोड़ा नाद ले,
थोड़ा हिम ले,
थोड़ा सुरभि ले,
थोड़ा धूप – छाँव ले,
एक साथ बरसती दामन में
थोड़ा – थोड़ा भरकर।
सावन की पहली बूँद गिरी
सुधा बनकर
चटकी
कली
डालों पर
इन्द्रधनुष बनकर।

दहेज दानव

ना जाने कितनी देखी है
जलती हुई चिताएँ
हमने इन आँखों से
कितनी विवश हो तड़पती होगी
बंद कमरे में तुम
हाय! बेटी तेरा क्रंदन
फिर भी ना पड़ा होगा
किसी के कानों में।

दहेज! हाय रे प्रथा समाज की
किसने है इसे बनाया
सोचो, कौन से घर की बेटी
जिसने नहीं दी होगी
जौहर दहेज की
बोलों वो समाज के अलम्बरदारों
क्या तुम्हारी बेटियाँ
नहीं जली है
दहेज की अग्नि में?
या मेरी बेटी नहीं?

अरे! वो पाषाण हृदयी सुनों
भीख को दहेज का नाम
देकर, तुम नृप नहीं कहलाओगे?
और, जब जड़ हीं काट दोगे
तो बोलो
फल कहाँ से पाओगे?

बेटी है वरदान सृष्टि की
जो इस धरा पर
है दूजा रूप अखिलेश्वर का।

मत तौलो दहेज में
तुम बेटी को
तौलना है यदि तो तौलो
तुम इसके गुणे को
क्योंकि बेटी होती है गहना
हे दहेज दानव जरा संभलो!
सदियों से धधकती ज्वाला को
अब और ना तुम भड़काओ
है दहेज एक बीमारी
इस बीमारी को
अपने से दूर भगाओ।

समय

समय चढ़ रहा है पहाड़
ना थके, ना ही रुके
और ना हीं एक क्षण सुस्ताये
बस बढ़ता हीं चला आ रहा है
समय का घर्घर–रथ।

समय ना करता संताप कभी
ना करता व्यसन सुखी रहने का
चुपचाप मौन धरे यह आता
चुपचाप मौन धरे यह जाता
आने – जाने का हीं तन्खवाह
हर किसी से है यह पाता।

हे मानव! तू क्यूँ?
समय – सा–
चढ़ता नहीं पहाड़
क्यूँ बैठा है
समय के इंतजार में
बोलो समय कब रुका है
जो वह रुकेगा।

साधना है यदि
कुछ यहाँ तो
अंतर में समय को साध
क्योंकि वह पाथेय है
अखिल – कीर्ति यश–गान का

वह दिन – रवि
रात – राकेश है
उसकी शुभ्र धूप छैंया को ले
बढ़ आगे अनवरत गति से
समय सदा साथ है तेरे।

मनु – पुत्र

बंदिशों को तोड़
चल निकल चल आगे
हे मनु – पुत्र!
तू किसका पंथ निहारता
है किसका संबल खोजता?
व्योम की लघु तारिका
को देखों–
है अचल खड़ा वह कैसे
यह जानकर भी
कि, दिन का सूरज
मुझे ढँक लेगा

फिर भी व्योमांचल पर
नित निकलकर आता है
एक नन्ही चींटी भी
फिसल – फिसलकर भीत पर
शिखर चढ़ना नहीं छोड़ती
जड़ता क्या देगा मनुज को?

इसलिए हे मनुज!
संचार को तू अपना सहचर बना
कर गुंजीत निज शक्तियों को
और उसके हीं
अनुभूतियों के मधुर स्वर से
एक सुभग ध्येय बना
और तोड़ दे सारी बंदिशे

जो, तुम्हारा पथ रोकते हैं
उतर जाव प्रतिजन के
कंठ और उर में
रचने को एक नूतन इतिहास
अपने ही निज पौरुष का।